Dieses Buch gehört:

....

50 MANDALA MOTIVE
zum Ausmalen

SAMMELBAND
Mandala

LIEBE

© 2023 Sannah Hinrichs
www.sannah-hinrichs.de

Coverdesign/Illustration: S. Hinrichs
Zusätzliches Bildmaterial:
Verwendung von Assets von Freepik.com

Herstellung und Verlag:
BoD - Books on Demand,
Norderstedt
ISBN: 978-3-7583-2313-3

Bibliografische Information der
Deutschen Nationalbibliothek:

Die Deutsche Nationalbibliothek
verzeichnet diese Publikation in
der Deutschen Nationalbibliografie;
detaillierte bibliografische Daten
sind im Internet über
http://dnb.d-nb.de abrufbar.

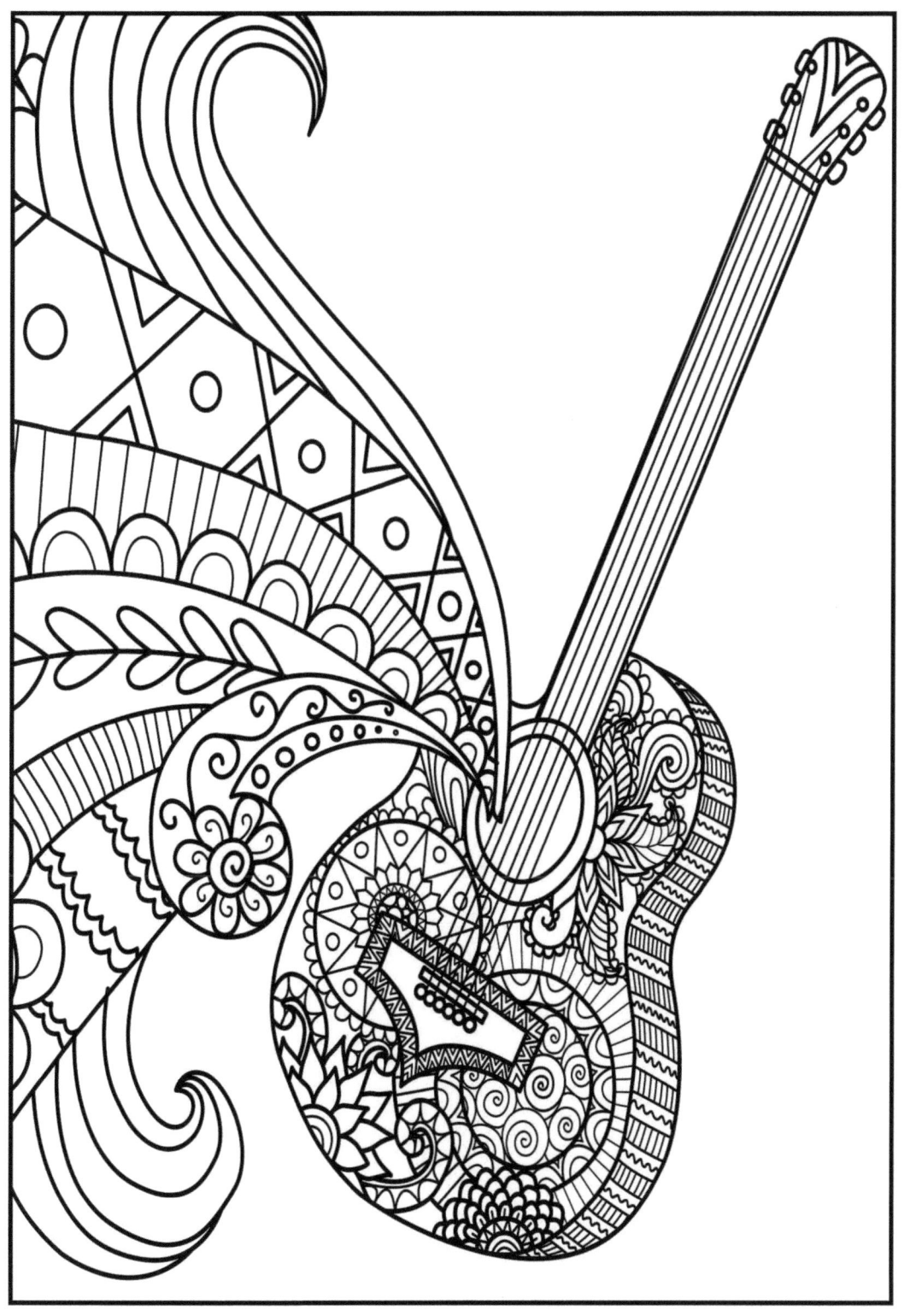

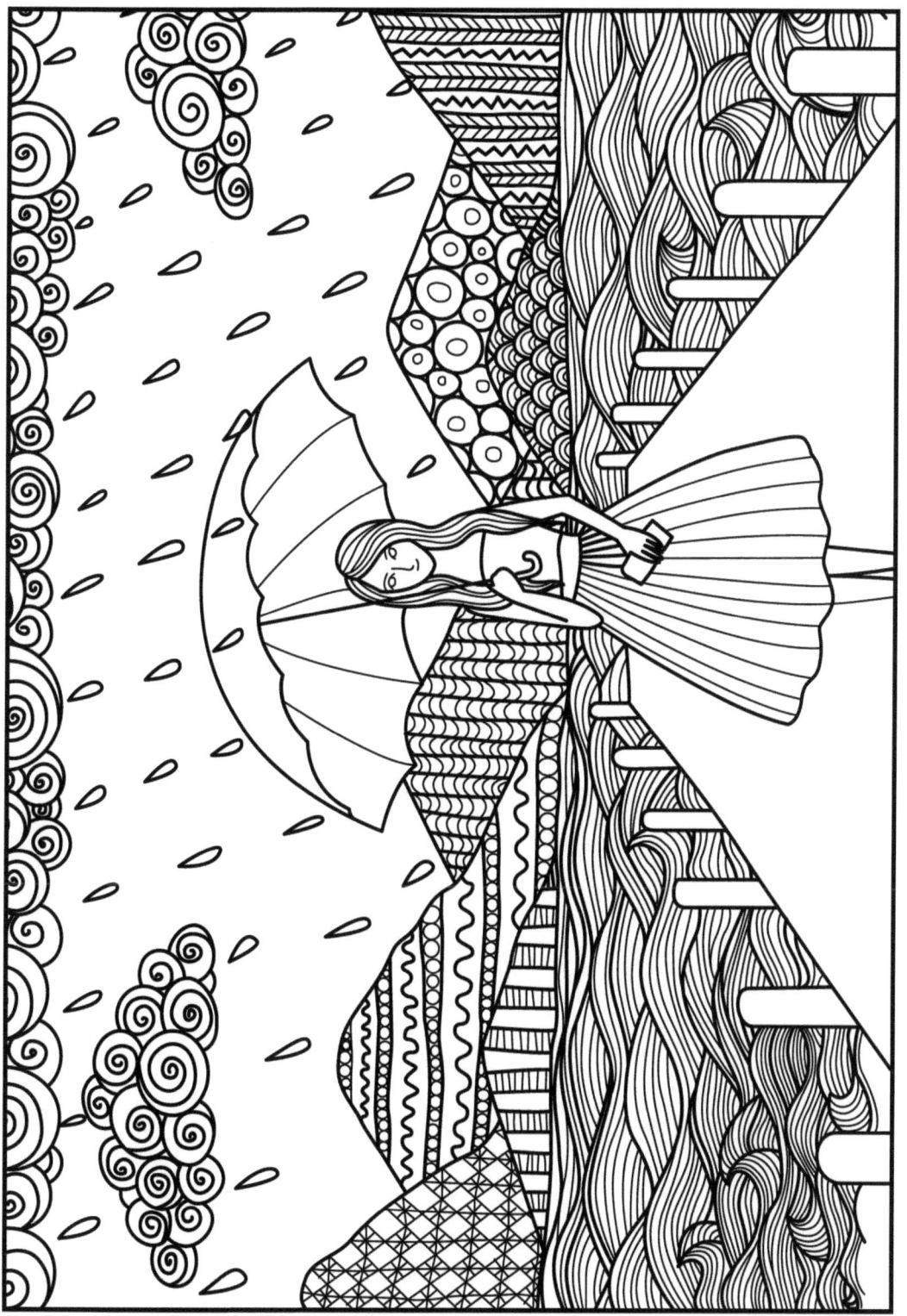

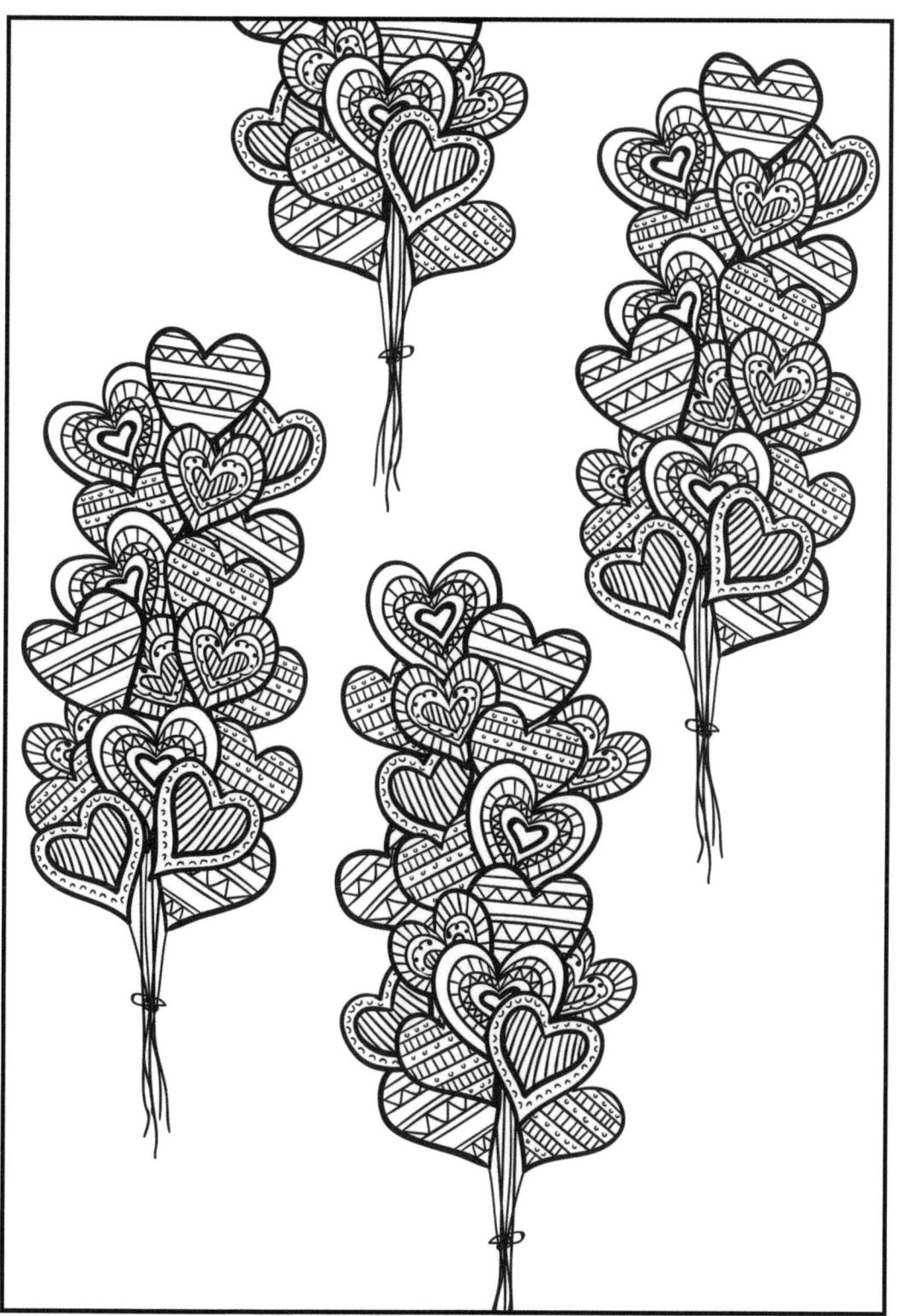

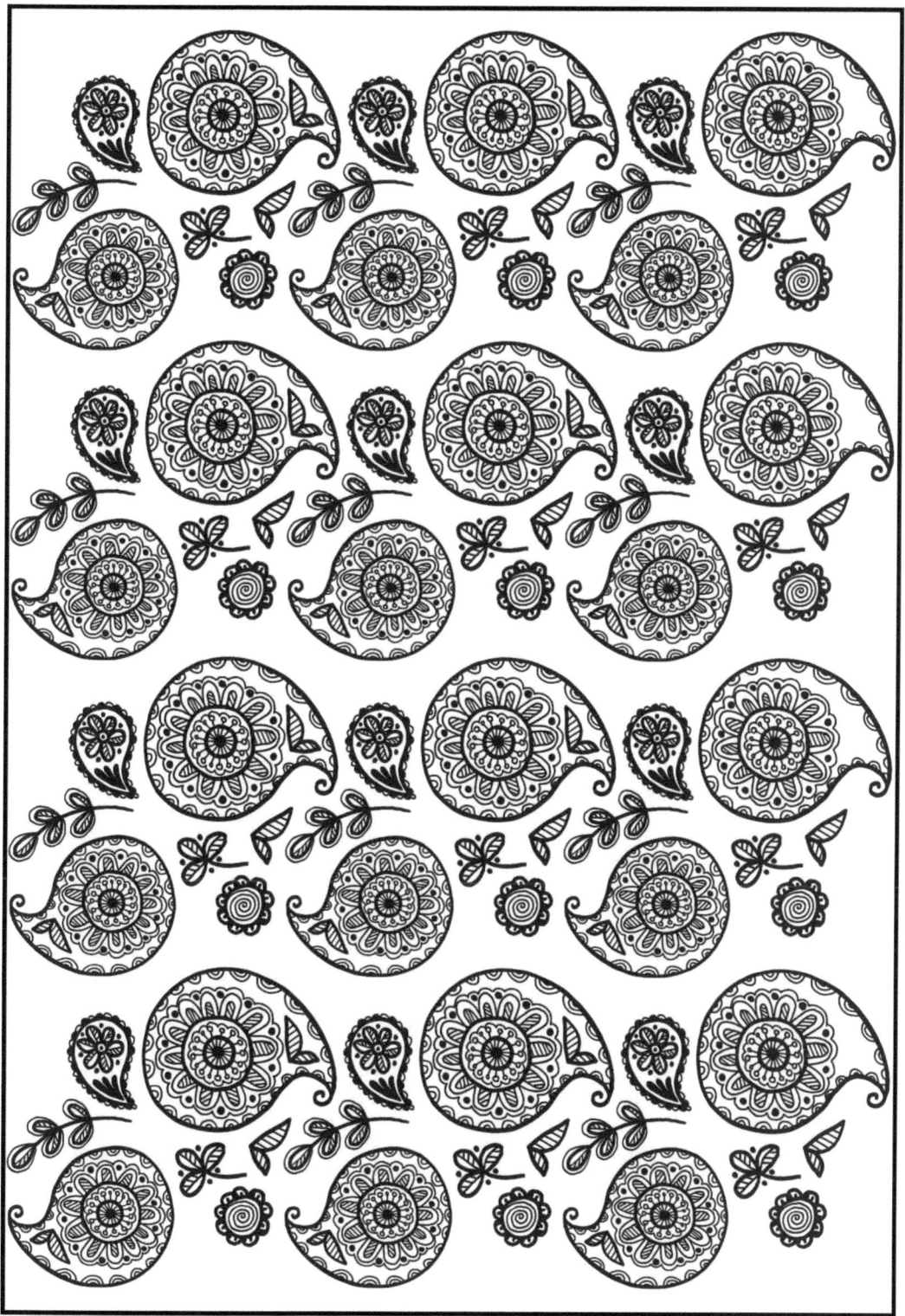

FLIRT
& KISS